a Thomasine Media 2023 szerzői joga
a képek licenc alatt állnak, és a megfelelő tulajdonosaik tulajdonát képezik.
www.thomasinemedia.com
ISBN: 9798869000842

JUNIOR TANULÓK

MINDENRŐL
KUTYÁK

CHARLOTTE THORNE

A kutyákat gyakran az ember legjobb barátjának nevezik. Csodálatos állatok, akik nagyon hosszú ideig éltek együtt az emberekkel.

A kutyák háziasítása egészen a szürke farkasig nyúlik vissza. A háziasítás azt jelenti, hogy az emberek megszelídítettek egy állatot, hogy velünk éljen.

A szelektív tenyésztésnek köszönhetően az emberek mindenféle munkahelyet teremtettek a kutyák számára!

Az ókori Egyiptomban Anubisz istennek egy sakál feje volt, amelyet egy állat a kutyákkal rokonított.

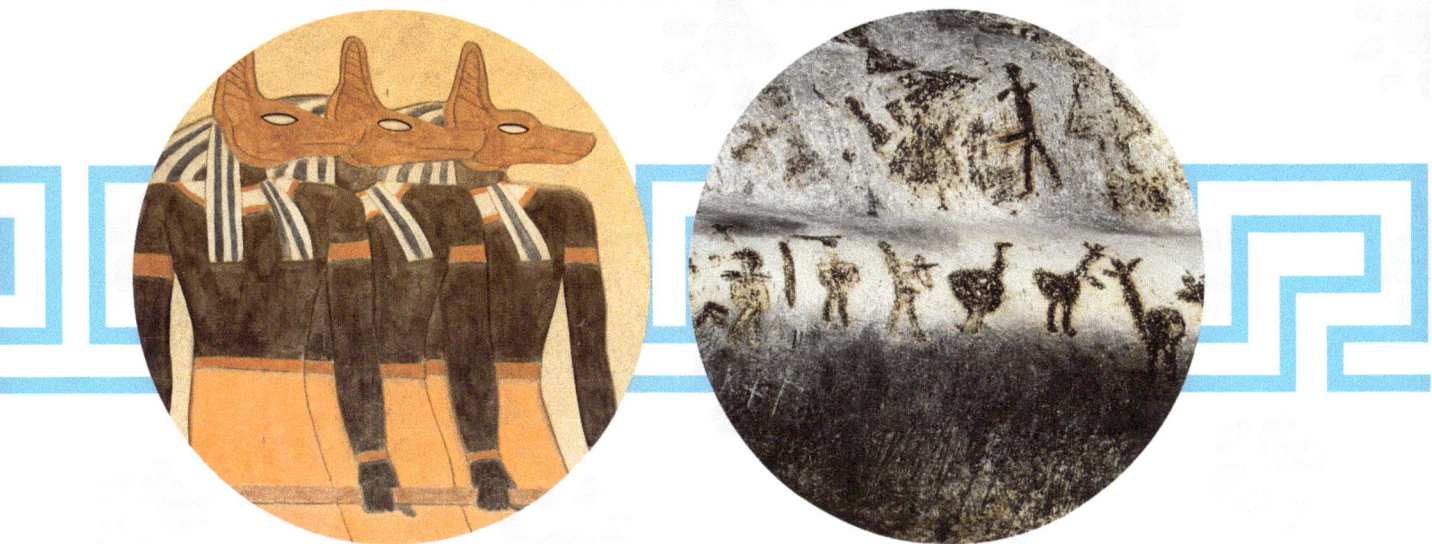

Egy híres európai barlangfestmény ősi kutyákkal vadászó ősi embereket ábrázol.

A háború alatt a kutyák harci állatként szolgáltak, és veszélyes munkákban segítették a katonákat.

A kutyák a Canidae családhoz tartoznak. A Canidae családba tartoznak a farkasok, rókák és más vadkutyák is.

A kutyák sok mindent megéreznek, mert 300 millió receptoruk van.

A hallásuk hihetetlen. Olyan magas frekvenciájú hangokat hallanak, amelyeket mi nem.

Sok híres kutya van szerte a világon.

Lassie, a durva collie egy ikon a könyvekben, filmekben és a televízióban. Mentőakcióiról ismert.

Balto the Husky 1925-ben egy szánhúzó kutyacsapatot vezetett Alaszkán. Fontos gyógyszert szállítottak beteg embereknek.

Rin Tin Tin, a német juhász az egyik leghíresebb kutyaszínész volt, és a világ első kutyafilmsztárjaként tartják számon.

Vessünk egy pillantást a különböző kutyafajtákra.

A labrador retrieverek barátságos kutyák. Szeretik a vizet.

A német juhászkutya okos és erős. Munkakutyák és védő tulajdonságokkal rendelkeznek.

A Golden Retriever játékos, népszerű fajták. Gyönyörűek és tele vannak személyiséggel.

A bulldogok ráncosak és zömök testük van. Ők ragaszkodó kölykök.

A beagle kíváncsi kutya, és vadászatra használják. Hajlékony fülük van.

Az uszkár az egyik legintelligensebb kutyafajta, és divatos kutyákként is ismert.

A rottweiler erős kutyák. Imádnivaló babák.

A Yorkshire terrier kis energiaköteg. Hosszú kabátjuk van, és szeretnek kézitáskában utazni.

A boxerek játékos kölykök. Szögletes fejük van, és szeretnek aktívak lenni.

A tacskók hosszú "hot dog" kutyák, így egyediek. Nagy lelkük van egy kis testhez!

A szibériai huskyk szánkót húznak, és nagyon hangos, barátságos kutyák. Világos kék szemük is van.

A dobermann pinscher sima, erős kutyák. Ők védelmező gyámok.

A Shih Tzus kis ölebek. Nagyon barátságos háziállatok.

A dogok nagyon magas kutyák. Nagyon édesek tudnak lenni.

A border collie-k mozgékonyak és okosak. Rengeteg energiájuk van.

A shetlandi juhászkutyák halló kutyák. Vastag sörényükről ismertek.

A chihuahuák kicsik, de nagy szívük van. Édesek, ha tisztelik őket.

A pembroke walesi corgik kicsik, de nagy fülük van. Meglepő módon halló kutyák.

A bernáthegyiek mentőmunkájuk ról ismertek. Szelíd óriások.

Az ausztrál juhászkutyák okos és mozgékony házi kedvencek. Pásztorkutyakén t dolgoznak.

A mopsz kicsi, ráncos cukiság. Nagyon játékos, de makacs természetük van.

Az alaszkai malamutok szánhúzó kutyák, és túlélnek hideg éghajlaton.

Az ausztrál terrier kicsi, durva szőrzetű. Remek háziállatokat készítenek.

A basenjiknek jódliszerű sárgásuk van. Szuper okos és független kutyák.

A bichon frízek úgy néznek ki, mint a felhők. Vidám személyiségük van.

A vérebeknek lógó fülük van, és kiváló a szaglásuk. Mentésre is használják.

A bostoni terriereknek szmoking bundája van. Barátságos kiskutyák.

A Cavalier King Charles spánieleknek van a legjobb egyénisége és szép kabátja.

A cocker spánieleknek hosszú, selymes füleik vannak, és előkelő hangulat jellemzi őket.

Az angol masztiffok óriási kutyák! Nyugodtak és aranyosak.

Az akiták nemes házi kedvencek. Vastag szőrzetükről ismertek.

A máltai felkészült kis fehér kutyák, és szeretik a figyelmet.

A burmai pásztorkutyák nagyon nagyok, de nagyon gyengédek.

A pomerániai bolyhos kis kutyák. Merész személyiségük van.

A rhodesiai ridgebackek hátán szőrszálak vannak. Vadászatra használják.

Az ír szetterek elegáns, élénk kutyák. Kilépő szépségek.

Papillon füle pillangónak tűnik. Barátságos cukiságok.

A whippetek szupergyorsak és nagyon mozgékonyak, és gyengédek az embereikkel.

A Shar-Peis nagyon ráncos. Hűséges és védelmező kutyák.

A dalmaták energikus kutyák, és a tűzoltóházak hivatalos szimbóluma.

A kutyák minden nap segítik az embert.

Sok kutya szolgál szolgálati állatként, segítve a fogyatékkal élőket.

A kereső- és mentőkutyák azon dolgoznak, hogy megtalálják az eltűnt embereket a katasztrófák idején.

A kutyák együtt dolgoznak a rendőrséggel. Azok a kölykök, akik nem teljesítik a képzést, szerető családokba kerülnek.

A terápiás kutyák érzelmi támogatást nyújtanak az embereknek a kórházakban és a közbiztonságban.

A kutyák mindennapi életünk fontos részét képezik. Fontos a kutyák gondozása. Nemcsak kemény munkások, hanem családunk fontos tagjai is!

Milton Keynes UK
Ingram Content Group UK Ltd.
UKHW051031011223
433548UK00004B/19